Volker Kessler

Kritisieren ohne zu verletzen

Lernen von den Sprüchen Salomos

Band 11 der Edition AcF
Die Edition AcF wird herausgegeben
von der Akademie für christliche Führungskräfte,
Furtwänglerstr. 10, 51643 Gummersbach,
www.acf.de

www.brunnen-verlag.de
Umschlagfoto: Photodisc Artville
Umschlaggestaltung: Ralf Simon
Satz: DTP Brunnen
Druck: Ebner und Spiegel, Ulm
ISBN 3-7655-3845-0

Inhalt

Abbildungen

Tabellen

1. „Eisen wird an Eisen geschliffen"

> Eisen wird an Eisen geschliffen,
> so schleift einer den Charakter des anderen.
>
> Sprüche 27,17 (EÜ)[1]

Seit Jahren treffe ich mich zweimal jährlich mit drei anderen Männern zu einem Co-Mentoring. Wir verbringen zwei Tage miteinander, um uns gegenseitig zu schleifen. Wir reden über das, was wir gerade tun, und wo gerade Entscheidungen oder Probleme anstehen. Dabei ist uns wichtig: Wir stehen grundsätzlich zueinander und haben die Offenheit, Handlungen des anderen zu hinterfragen. Manche Gespräche gehen unter die Haut, sie sind aber enorm hilfreich. Und wir machen das alles freiwillig!

Der obige Spruch lehrt uns: Wir brauchen einander zur Charakterbildung. An manchen unserer Ecken und Kanten muss geschliffen werden, ohne dass die Persönlichkeit irgendwann unscharf oder profillos wird. Zur Persönlichkeitsbildung gehört natürlich auch gegenseitige Kritik – das kann manchmal hart sein. Doch als Trost gilt:

> Wer einen anderen zurechtweist, findet schließlich Dank,
> mehr als der Schmeichler.
>
> Sprüche 28,23 (EÜ)

Der weise Salomo spricht hier sicherlich von einem wohlmeinenden Mahner, der den Mut hat, eine zunächst bittere Botschaft zu sagen. Er findet letztlich mehr Anerkennung als der Schmeichler. Man beachte hier das Wort „schließlich/letztlich". Denn die wenigsten Menschen reagieren bei Kritik begeistert. Zwar stimmen prinzipiell wohl die meisten Leute der Aussage zu, dass Kritik eine Chance zur persönlichen Weiterentwicklung ist. Aber im konkreten Fall sind wir nicht immer so sicher. Doch laut Salomo ist gegenseitige Kritik notwendig, um uns weiter zu entwickeln. Aber wie machen wir es praktisch?

Das vorliegende Buch gibt einige Tipps, wie man es machen könnte und wie man es auf keinen Fall machen sollte. Dabei lassen wir uns von Sprichwörtern aus dem Alten Testament leiten und inspirieren. Denn viel angeblich „neue" Erkenntnis der modernen Kommunikationswissenschaft findet man schon in dem alttestamentlichen Buch der Sprüche Salomos. Diese Sammlung enthält Weisheitssprüche, die zum Teil über dreitausend Jahre alt sind.

Da die Sprüche sich mit dem Alltag des menschlichen Lebens beschäftigen, thematisieren sie auch Kommunikationsprobleme. Die Sprüche Salomos sind Teil der Heiligen Schriften bei Juden und Christen und damit Bestandteil unseres abendländisch, jüdisch-christlichen Kulturerbes. Sie greifen auch Lebensweisheiten aus den damaligen Nachbarvölkern auf, wie zum Beispiel aus der ägyptischen Weisheit. Die Sprüche haben also ein internationales Flair.

Das vorliegende Buch ist vor allem für Kommunikation in der westlichen Kultur geschrieben. Kommunikation ist immer kulturabhängig. Wer sich in einer anderen Kultur bewegt, möge prüfen, welche der in diesem Buch vorgestellten Tipps auch dort sinnvoll sind.

„Des vielen Büchermachens ist kein Ende", schreibt der Prediger (12,12). Wozu also noch dieses? Nach Lektüre dieses Buches:

1. haben Sie die Basis, um zu kritisieren ohne zu verletzen,
2. wissen Sie, wo Sie besser schweigen sollten und wo nicht,
3. haben Sie erstaunliche Gemeinsamkeiten zwischen moderner Kommunikationspsychologie und biblischer Weisheitslehre entdeckt.

4. haben Sie vielleicht Lust, im Buch der Sprüche selbst auf Entdeckungsreise zu gehen, um dort noch viel mehr über Kommunikation zu lernen.

Gummersbach, im Juni 2005
Volker Kessler*

* erreichbar unter *Volker.Kessler@acf.de*

2. „Damit du für die Zukunft weise wirst"

Was wollen die Sprüche und wer ist Salomo?

Die Sprüche Salomos (auch Proverbien genannt) sind Teil der so genannten Weisheitslehre der Bibel. Zur Weisheitsliteratur im Alten Testament werden außerdem die Bücher Prediger, Hiob, einige Psalmen und einzelne Passagen in anderen Büchern gezählt. Die alttestamentliche Weisheitsliteratur beschreibt regelmäßig wiederkehrende Lebenszusammenhänge. Wer um diese Zusammenhänge weiß und sie im Alltag anwendet, der ist im biblischen Sinne weise:

> Höre auf guten Rat und nimm Zucht an,
> damit du für die Zukunft weise wirst.
> Sprüche 19,20 (RE)

Wer Weisheit sucht, wird seinen Weg sicher gehen und nachts ruhig schlafen:

> Dann gehst du sicher deinen Weg,
> dein Fuß stößt nirgends an.
> Wenn du dich hinlegst, wirst du nicht aufschrecken,
> und liegst du, erquickt dich dein Schlaf.
> Sprüche 3,23.24 (RE)

Der Weisheit geht es darum, dass das Leben im Alltag gelingt. Dadurch verlängert sie das Leben:

> Länge des Lebens ist in ihrer Rechten,
> in ihrer Linken Reichtum und Ehre.
> Sprüche 3,16 (RE)

Sogar mit dem aus der Paradiesgeschichte (1. Mose 3,22) bekannten „Baum des Lebens" wird sie verglichen. Denn wie der Baum des Lebens das Leben verlängert, so kann eine weise Lebensführung das Leben verlängern:

> Ein Baum des Lebens ist sie für alle, die sie ergreifen,
> Sprüche 3,18a (RE)

Das Buch der Sprüche ist folglich ein sehr praktisches Buch der Bibel. Die Sprüche beschreiben ausführlich den Umgang der Menschen untereinander – Zuhause, am Arbeitsplatz, in der Öffentlichkeit. Die israelische Weisheitslehre ist eine „Theologie der praktischen Vernunft". Der US-amerikanische Managementprofessor Michael A. Zigarelli hat aus den Sprüchen heraus ein Handbuch „Management by Proverbs" entwickelt.

Die Sprüche formulieren allgemeine Weisheiten, die sich in der Erfahrung bewährt haben. Sie geben keine Garantie, dass es immer so eintrifft. Es kann eben auch passieren, dass ein Weiser früh stirbt oder Unglück erleidet. Davon weiß dann das Buch Hiob zu berichten.

Das Buch der Sprüche steht in der Bibel direkt hinter den Psalmen, dem Gebetbuch der Bibel. Den Psalmen geht es vor allem um die vertikale Beziehungsebene: der Mensch vor Gott. Den Sprüchen geht es vor allem um die horizontale Beziehungsebene: Mensch zu Mensch – allerdings immer vor dem Angesicht Gottes, „denn Gott führt ihren Rechtsstreit" (Spr 22,23)!

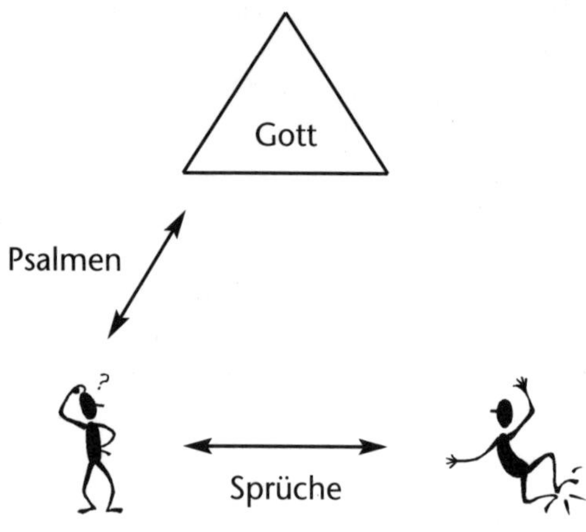

Abbildung 1: Sprüche und Psalmen

Etwas vereinfacht ausgedrückt: Die Psalmen stehen für die Zeiten, in denen man Gott ganz bewusst begegnet, die Sprüche stehen für den Alltag. Walther Zimmerli (1999:136) schreibt zur Zielsetzung der israelischen Weisheitslehre: „Das Leben des Menschen vor Gott bewegt sich nicht nur im Bereich der explizit ‚religiösen' Sphäre. Da ist der Alltag mit seiner Berufsarbeit, den Entscheidungen, die getroffen werden, ohne dass ein göttliches Gebot jeden Schritt wiese, der zwischenmenschliche Umgang mit Frau und Kind und Freund, das Verhalten gegenüber Vorgesetzten und Untergebenen." Auch hier im ganz normalen Alltag stellt sich für den Menschen die Frage: Wie soll ich die Dinge bewerten, wie soll ich mich richtig verhalten?

Gilt der große König David als *der* Psalmdichter im Alten Testament, ist sein Sohn Salomo wiederum der Inbegriff des Weisen als *der* Weisheitslehrer und Sammler von Sprüchen. Deshalb trägt das Buch der Sprüche Salomos Namen, obwohl nicht alle Sprüche von ihm stammen.

Bei Regierungsantritt bat Salomo Gott um Weisheit (1. Kön 3,9). Das danach beschriebene Gerichtsverfahren bestätigt die Erfüllung dieses Gebets (1. Kön 3,16-28): Zwei Huren treten vor Salomo. Sie leben zusammen und gebaren zur gleichen Zeit einen Sohn. Eines Morgens wacht eine Frau mit einem toten Kind im Bett auf. Diese behauptet nun, dass dieses tote Kind gar nicht ihres sei, und klagt ihre Mitbewohnerin an, sie habe die Kinder nachts vertauscht. Die Mitbewohnerin streitet dies ab. Somit behaupten beide Frauen, das lebende Kind sei ihr Eigenes. Zeugen gibt es keine. Wie soll man hier entscheiden? Durch weises Zuhören, Reden und Handeln löst König Salomo diese verfahrene Situation auf: Er lässt ein Schwert holen und gebietet, das Kind zu zerteilen, um dann jeder Frau eine Hälfte zu geben. Eine Frau ist mit dem Vorschlag einverstanden. Die andere Frau schreit auf und verzichtet lieber auf das Kind, um dessen Leben zu retten –, und erweist sich damit als die wahre Mutter.

Salomos Bitte um Weisheit wurde überreich erfüllt: „Und Gott gab Salomo Weisheit und sehr große Einsicht und Weite des Herzens wie der Sand am Meer. Die Weisheit Salomos war größer als die Weisheit aller Söhne des Ostens und als alle Weisheit Ägyptens“ (1. Kön 5,9.10). Aber diese große Weisheit verhinderte nicht, dass Salomo von Gottes Geboten abwich. „Er folgte dem Herrn nicht so treu nach wie sein Vater David“ (1. Kön 11,6). *Weisheit ist also weder ein Ersatz noch eine Garantie für Treue im Glauben!*

Auch wenn die Weisheit lockt und ruft: wahre Weisheit im biblischen Sinne beginnt immer mit der „Furcht des Herrn“, mit Gehorsam gegenüber Jahwe (Spr 1,17; 9,10; Ps 111,10). In dieser Aussage liegt „die ganze Erkenntnistheorie Israels“, wie es Gerhard von Rad (1992:94) formuliert.

Im Folgenden lassen wir uns von einigen Sprüchen zur Kommunikation leiten. Mit ihrem komprimierten Stil eignen sich die Sprüche nicht zum schnellen Überfliegen. Sie wollen wiedergekäut werden. Man benötigt Zeit, um diese zeitlosen Wahrheiten tiefergehend zu erfassen und auszuloten.

„Der Weise aber hört auf Rat"

Die Erfahrung lehrt, dass Menschen ganz unterschiedlich auf Kritik reagieren. Die Sprüche unterscheiden hier schwarz-weißmalend zwischen Weisen und Toren.

> Zurechtweisung dringt bei einem Verständigen tiefer ein als hundert Schläge bei einem Toren.
>
> Sprüche 17,10 (RE)

Der Kluge, der Weise will sich weiterentwickeln, ist selbstkritisch, sucht deshalb Rat und Kritik und hört darauf. Der Tor dagegen will gar keinen Rat. Er lässt neben seiner Meinung keine andere gelten:

> Der Weg des Narren erscheint in seinen eigenen Augen recht, der Weise aber hört auf Rat.
>
> Sprüche 12,15 (RE)

Wird hier nicht eine verkehrte Welt beschrieben? Der Weise, der eigentlich schon klug ist, hört sich gerne Kritik an. Der Narr, der Dummkopf, der dringend etwas lernen müsste und Kritik am nötigsten bräuchte, er will keinen Rat.

Aber so sind die Menschen: Die wirklich Weisen wollen auch mit fortgeschrittenem Kenntnisstand gerne Feedback. Als ich 1998 Pfarrer Klaus Eickhoff kennen lernte, war er 62 Jahre alt und ein durch Vorträge und Bücher weit bekannter Mann. Ich hatte gerade mein Theologiestudium beendet und war als Theologe ein Greenhorn. Klaus Eickhoff und ich arbeiteten dann zusammen, planten Seminare und führten sie gemeinsam durch. Ich war fasziniert davon, wie er trotz seines großen Erfahrungsvorsprungs mich immer wieder nach meinem Feedback fragte.

An anderer Stelle begegneten mir Menschen, die sehr von ihrem eigenen Wissen eingenommen waren. Sie waren dermaßen überzeugt von ihrem Tun und Handeln – weise in den eigenen Augen –, dass sie niemanden um Rat fragten, geschweige denn einen Rat hören wollten. Einzig die anderen hatten überwiegend den Eindruck, gerade ihnen täte ein Rat gut.

„Wer in seinen eigenen Augen weise ist"

Unser Sohn Micha zeigt mir seine benotete Englischarbeit. Die Lehrerin schreibt: „Die Grundzüge von Aktiv und Passiv nicht verstanden." Ich frage Micha: „Warum hast du mich denn nicht vorher gefragt? Ich hätte dir die Unterschiede erklären können." Seine Antwort: „Ich dachte ja, ich hätte es verstanden."

Es ist kein Problem, wenn jemand etwas nicht weiß und er *weiß*, dass er es nicht weiß. Zum Problem wird es immer, wenn jemand seine Unwissenheit nicht sieht. Wer meint, etwas verstanden zu haben, holt keinen Rat mehr ein:

> Siehst du einen Mann, der in seinen Augen weise ist, –
> für einen Toren gibt es mehr Hoffnung als für ihn.
>
> Sprüche 26,12 (RE)

Die Verse vor diesem Zitat stellen den Toren in drastischen Bildern als hoffnungslosen Fall vor. Sprüche 26,12 beschreibt nun eine „subtilere Art von Torheit, in die jeder Mensch hineingeraten kann, der nur sich selbst für weise hält. ... Jemand, der nach seinem sonstigen Verhalten nicht unmittelbar als Tor zu erkennen ist, jedoch an dieser falschen Selbsteinschätzung leidet, befindet sich auf einer hoffnungslos absteigenden Bahn", kommentiert Otto Plöger (2003:312-313). Selbst für einen Toren besteht mehr Hoffnung als für denjenigen, der sich selbst für klug hält und dann keinen Rat mehr annimmt. Deswegen soll der Unverständige sich ein Beispiel am Verständigen nehmen, der durch Kritik eben an Einsicht gewinnt:

> Schlägt man den Spötter,
> so werden Unverständige vernünftig;
> weist man den Verständigen zurecht,
> so gewinnt er an Einsicht.
>
> Sprüche 19,25 (LÜ)

3. „Worte verletzen wie Messerstiche"

Wir wissen: Wir benötigen Kritik, um uns weiter zu entwickeln. Wir wissen aber auch: Kritik kann verletzen.

> Die Worte eines gedankenlosen Schwätzers verletzen wie Messerstiche.
>
> Sprüche 12,18a (Hfa)

Einen Messerstich spüren wir natürlich eher, wenn andere uns kritisieren, als wenn wir andere kritisieren. *Wer kritisiert oder Feedback gibt, befindet sich in diesem Moment dem anderen gegenüber in einer Machtposition.* Auch ein Lob „Das hast du gut gemacht" kann einen Ausdruck von Überlegenheit signalisieren: Weil ich über dir stehe, habe ich das Recht dich zu bewerten. Wer in einer Machtposition ist, kann andere verletzen.

Je nach Persönlichkeit

Menschen reagieren ganz unterschiedlich auf Kritik, auf „Messerstiche". Es hängt viel von ihrer Persönlichkeit ab. Herrmann-Josef Johanns ist Geschäftsführer des XX. Weltjugendtags der Römisch-katholischen Kirche, August 2005 in Köln. Johanns gilt als Macher. Im Vorfeld der Planung gab es Kritik an der Organisation. Wie reagierte er darauf? „Ich habe ja nichts gegen Kritik. Wenn Sie einen bösen Kommentar schreiben, schneide ich mir den aus und hänge ihn hinter den Spiegel. Um ihn als Ansporn zu nehmen" (*Kölnische Rundschau* 15.3.2005). Dominante Menschen fühlen sich durch Kritik oftmals erst richtig herausgefordert: „Jetzt zeige ich es ihnen!"

Eine beziehungsorientierte Person dagegen hat bei Kritik

schnell Angst um die Beziehung. Ich bin mit Freunden auf einem Segeltörn. In einer heiklen Situation gibt der Skipper uns ein Kommando – in einem für ihn ungewöhnlich scharfen Ton. Eine Mitseglerin zieht sich daraufhin einen halben Tag zurück. Für sie ist durch den scharfen Ton die Beziehung zum Skipper in Frage gestellt.

Gewissenhafte Menschen (zu denen ich mich auch zähle) neigen dazu, ihren Wert als Person über den Wert ihrer Arbeit zu definieren. Wenn also jemand ihre Arbeit kritisiert, fühlen sie sich in ihrem Wert grundsätzlich in Frage gestellt. Meine Frau Martina und ich standen einmal in derselben Situation unter Kritik. Wir haben beide gelitten: sie, weil die Beziehung gefährdet war, und ich, weil meine Leistung scheinbar nicht gut genug war.

Eine phlegmatische Person wiederum hört sich jede Kritik geduldig und bereitwillig an, ändert aber nichts.

Was also eine Person bereits als Messerstich empfinden mag, empfindet eine andere Person vielleicht nur als einen winzigen Piekser, oder sie spürt es gar nicht.

Ratschläge für schlechte Kritisierer

Tipps, um andere mit Kritik garantiert zu verletzen:

1. Verschleppen Sie die Kritik möglichst lange. Warten Sie mindestens ein halbes Jahr mit Ihrer Kritik. Erstens kann der andere sich dann nicht mehr genau an die Situation erinnern und Ihnen somit auch kaum widersprechen. Zweitens erzeugt dies beim anderen ein schwebendes Gefühl der Unsicherheit: Er weiß nie genau, ob Sie mit seiner Arbeit zufrieden sind. Dadurch erhalten Ihre Mitarbeiter die Portion Unsicherheit, die sie benötigen, um auf Hochtouren zu arbeiten.

2. Sammeln Sie Rabattmarken. Wenn Sie sich über etwas ärgern, sagen Sie es nicht sofort. Machen Sie es wie früher bei den Rabattmarken. Jedes Ärgernis, jede Kritik wird archiviert. Wenn das Heft voll ist, dann lösen Sie alles auf einmal ein. Der Vorteil: Sie sind richtig gut geladen. Sie haben genügend Munition beisammen.

3. Verobjektivierung: Stellen Sie die eigene Meinung als objektiv dar. Treten Sie als objektiver Gutachter, als Richter auf. Ihr Urteil gilt. Wenn möglich, berichten Sie von anderen Personen, die das Verhalten der Person genauso kritisch finden, ohne es ihr bisher gesagt zu haben. Falls Ihnen bisher keine solche Kritik zugetragen wurde, behaupten Sie einfach: „Andere sehen das auch so."

4. Sie sind der Maßstab. Nennen Sie keine Kriterien, warum etwas in Ihren Augen gut oder schlecht war. Das ist völlig unnötig. Sie sind der Maßstab. Wenn Sie mit dem Daumen nach unten zeigen, müssen Sie sich nicht erklären.

5. Stellen Sie sich deutlich über den anderen. Zeigen Sie ihm Ihre Überlegenheit, entweder auf Grund Ihrer übergeordneten Position oder auf Grund Ihrer Erfahrung, Ihrer höheren Schulbildung etc. Damit wird dem anderen klar, wie klein er ist.

6. „Ich will dich ermutigen" – Ein guter Einstieg für eine Kritik! Bei diesen Worten wiegt sich der andere in Sicherheit, lässt alle Abwehrmechanismen fallen und ist Ihrer folgenden Kritik somit schutzlos ausgeliefert. Hohe Wirksamkeit!

7. Verallgemeinerung: Reden Sie nicht nur über den konkreten Fall, sondern machen Sie deutlich, dass der andere dies immer so macht.

8. Wie die Tat, so der Täter. Wenn jemand einen Fehler macht, dann zeigen Sie ihm, dass nicht nur diese Tat dumm war, sondern dass er selbst dumm ist.

9. Vermischen Sie Beobachtung und Bewertung. Sie beobachten etwas und bewerten es sofort. Ein gewissenhafter Wissenschaftler sammelt erst die Fakten und interpretiert danach. Das kostet nur Zeit, die Sie anders nutzen können.

10. Tarnen Sie Urteile als Gefühle: Als Fortgeschrittener in Sachen Kommunikation wissen Sie schon, dass man möglichst „Ich-Aussagen" verwenden sollte. Also sagen Sie: „Ich empfinde, dass du das falsch machst." Sie deuten mit dem Wort „Empfindung" an, nur ein Gefühl äußern zu wollen – und beenden dann den Satz mit einem klaren Urteil: „Das ist falsch." Wenn der andere protestiert, können Sie mit den Worten entgegnen: „Ich habe nur gesagt, was ich fühle." – Das stimmt zwar nicht, aber die anderen widersprechen nicht, weil Sie das Wort „Empfindung" vorangestellt haben.

11. „Ich habe nichts persönlich gegen dich." „Nein, ich habe wirklich nichts persönlich gegen dich." „Ich möchte noch mal betonen, dass ich nichts persönlich gegen dich habe." Wiederholen Sie dies so häufig wie möglich. Es macht deutlich, dass wirklich etwas Persönliches vorliegt – und verhindert gleichzeitig, dass man über diese persönliche Ebene reden kann.

12. Keine konkrete Handlungsanweisung. Sagen Sie der Person, was sie nicht tun soll, aber geben Sie keine Tipps, was sie stattdessen tun soll. Der Vorteil: Die Person kennt Ihre Kritik, hat aber keine Ahnung, wie sie es ändern soll. Das zermürbt und gibt ihr zusätzlich das Gefühl, ein hoffnungsloser Fall zu sein.

13. „Stell dich nicht so an!“ Wenn Sie jemanden kritisiert haben und der andere spiegelt Ihnen, dass er/sie sich verletzt fühlt, kontern Sie mit dem Satz „Stell dich nicht so an.“ Damit schießen Sie einen zweiten Pfeil in dieselbe Wunde: Nicht nur, dass der andere sich durch Ihre erste Kritik verletzt fühlt, jetzt fühlt er sich auch schlecht, weil er sich verletzt fühlt.

14. Kritisieren Sie dann, wenn der andere am Boden liegt. Machen Sie es wie im modernen Straßenkampf: Wenn der andere schon verletzt und „am Boden zerstört“ ist, dann sollten Sie die Gelegenheit nutzen und noch eins drauf geben. Verteidigung ist in dieser Situation nicht mehr zu erwarten.

4. Vom falschen Schweigen

„Verborgen gehaltene Liebe"

Nach den Ratschlägen für schlechte Kritisierer denken Sie nun vielleicht: „Am besten kritisiere ich überhaupt nicht mehr. Dann bin ich sicher, dass ich keinen verletze." Aber Schweigen führt schließlich zum Tod der Beziehung. Sehen Sie selbst:

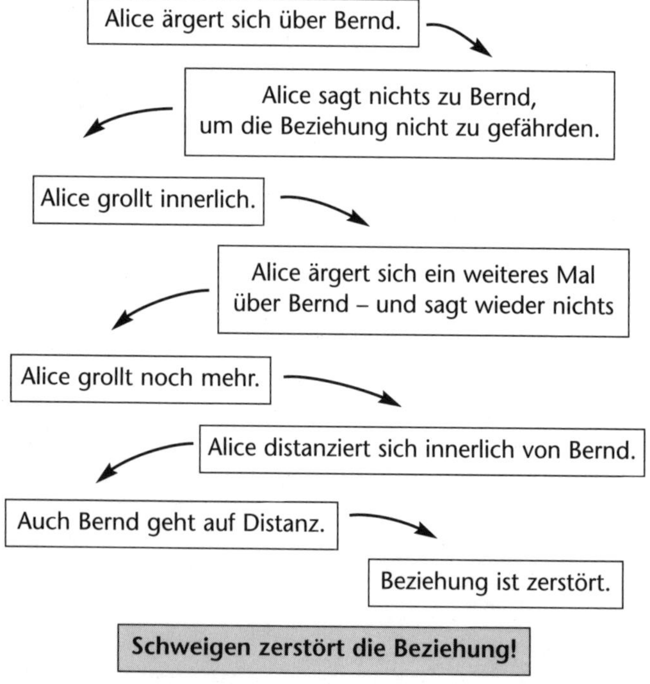

Abbildung 2: Die Schweigespirale

Letztlich zerstört Schweigen die Beziehung, auch wenn die Betroffenen gerade deshalb schweigen, um ihre Beziehung zueinander nicht zu gefährden. Diese „moderne" Erkenntnis finden wir auch bereits in Salomos Sprichwörtern:

> Besser offene Rüge als verborgen gehaltene Liebe.
> Sprüche 27,5 (RE)

Schweigen ist kein Zeichen der Liebe oder der Achtung – was immer auch der Grund für das Schweigen sein mag, sei es eigene Schwäche oder die Angst, einen Freund zu verlieren. Wer aus Angst vor Verlust der Freundschaft schweigt, verhält sich egoistisch.

Schweigen ist auch dann fehl am Platze, wenn jemand Drittes durch das Verhalten einer Person leidet und dieser Dritte sich nicht selbst verteidigen kann. Hier gilt: Wer zum Unrecht schweigt, macht sich mitschuldig.

Der harte und der weiche Weg

Wir kennen alle den *harten Weg* bei Konflikten:
1. Man übt auf den anderen Druck aus.
2. Man beharrt auf der eigenen Position.
3. Man fordert Konzessionen um der Beziehung willen: Wenn du mit mir zusammen sein willst, musst du dies tun.
4. Führungskräfte, die den harten Weg gehen, neigen zum autoritären Führungsstil: Man setzt die Mitarbeiter unter Druck, damit alles richtig läuft.

Demgegenüber bevorzugen manche den *weichen Weg:*
1. Man gibt bei Druck nach.
2. Man stellt eigene Bedürfnisse zurück.
3. Man macht Konzessionen um der Beziehung willen: Ich mache dies, damit mein Partner bei mir bleibt.

4. Führungskräfte, die den weichen Weg gehen, neigen zum Laissez-faire-Stil: Um keinen zu verletzen, lässt man alles laufen.

Bevor Sie weiterlesen, denken Sie kurz nach. Wie reagieren Sie üblicherweise? Wo würden Sie sich auf folgender Skala einordnen, eher links oder eher rechts?

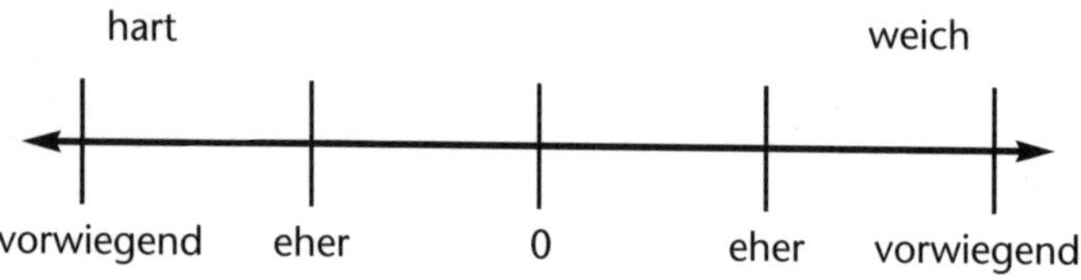

Abbildung 3: Selbsteinschätzung: hart oder weich?

Manche halten den weichen Weg für den wahren christlichen Weg. Man begründet dies mit dem Jesus-Wort: „Wenn jemand dich auf deine rechte Backe schlagen wird, dem biete auch die andere dar" (Mt 5,39) und mit der Forderung, eine christliche Führungskraft müsse gnädig sein. Ich bezweifele, dass Jesus dieses Wort als Verhaltensregel für alle Situationen meinte. Als die Soldaten Jesus im Garten Gethsemane gefangen nahmen, wehrte er sich nicht, obwohl er gekonnt hätte. Als ihm aber kurz darauf ein Diener des Hohenpriesters ins Gesicht schlägt, hält Jesus ihm nicht die andere Wange hin, sondern fragt stattdessen: „Wenn ich recht geredet habe, warum schlägst du mich?" (Joh 18,23). Es gibt Situationen, wo Christen Unrecht erleiden sollen, und es gibt Situationen, wo sie für ihr Recht eintreten sollen.

Ein Laissez-faire-Stil ist nur scheinbar ein christlicher, gnädiger Stil: Ein christliches Tagungshaus hat die interne Regel, dass alle Mitarbeiter des Hauses möglichst bei dem gemeinsamen Mittagessen anwesend sind. Die Mitarbeiter, die an einem Mittag nicht dabei sein können, sollen sich in einer Liste austragen. Leider funktioniert das Abmelden nicht zuverlässig. Die Küche bereitet regelmäßig zu viele Essen vor, weil Mitarbeiter sich nicht abgemeldet haben. Das Küchenpersonal möchte hier eine Änderung. Die Hausleitung antwortet: „Wir wollen hier nicht kontrollieren, denn wir sind ein Haus der Gnade." Das klingt sehr schön. Wer möchte nicht Glied einer gnädigen, barmherzigen Gemeinschaft sein? Nur für das Küchenpersonal ist der Laissez-faire-Stil der Hausleitung weniger von Gnade als mehr von Frust geprägt. Denn sie kochen manche Gerichte auch weiterhin vergeblich.

Die Frage ist: Gibt es neben dem harten und dem weichen Weg noch einen dritten Weg? Einen Weg, mit dem ich dem anderen deutlich machen kann, was sein Verhalten bei mir auslöst, ohne dass ich wiederum ihn verletze? Ein solcher Weg wird im übernächsten Kapitel mit Hilfe der Sprüche entwickelt. Vorher behandeln wir die Frage, wann Schweigen angebracht ist.

5. Vom richtigen Schweigen

Ich selbst brauche klare Verhältnisse. Deswegen neige ich dazu, Probleme lieber offen anzusprechen als sie unter den Teppich zu kehren. Das schätzen nicht alle meine Mitmenschen. Im Folgenden sind drei Fälle aufgeführt, wo die Weisheitsliteratur empfiehlt, lieber zu schweigen statt zu kritisieren.

„Rüge nicht den Spötter"

Die Sprüche weisen immer wieder auf den Toren als abschreckendes Beispiel: „Der Weg des Narren erscheint in seinen eigenen Augen recht" (Spr 12,15a RE). Die Logik der Sprüche ist nun folgende: Weil der Spötter, der Narr gar keinen Rat haben will, ist es auch besser, ihm gar keinen zu geben:

> Wer den Spötter zurechtweist, holt sich nur Schande;
> und wer den Gottlosen rügt, holt sich selbst einen Makel.
> Rüge nicht den Spötter, damit er dich nicht hasst;
> rüge den Weisen, so wird er dich lieben!
> Gib dem Weisen, so wird er noch weiser;
> belehre den Gerechten, so lernt er noch mehr.
>
> Sprüche 9,7-9 (RE)

Auch in modernen Büchern über Feedback liest man: Unerwünschtes Feedback bewirkt gar nichts. Wenn der andere kein Feedback haben will, sollte man es ihm auch gar nicht geben. Es bringt sowieso nichts.

Hier kommen also alttestamentliche Spruchweisheit und moderne Kommunikationspsychologie zur selben Erkenntnis.

„Ein Streit, der einen nichts angeht"

> Wer vorübergeht und sich mengt in fremden Streit,
> der ist wie einer, der den Hund bei den Ohren zwackt.
> Sprüche 26,17 (LÜ)

Ein überaus wertvoller Hinweis zum Konfliktmanagement: Es ist töricht, einen Hund bei den Ohren zu ziehen! Unsere Tochter Natanja hat einen so genannten Toy-Hund, eine Mischung aus Papillon und Malteser: 3 Kilo schwer, 22 cm hoch. Wer diesen Hund zwickt, bekommt vom Hund keine Konsequenzen zu spüren (allerdings von unserer Tochter). Wer jedoch das Gleiche bei einem deutschen Schäferhund macht, wird die Konsequenzen seines Handelns schnell zu spüren bekommen.

Genauso töricht ist es, sich in einen Streit hinein zu mengen, der einen nichts angeht. Dann könnte es passieren, dass die beiden Konfliktparteien sich auf einmal verbünden und zu dem selbst ernannten Schlichter sagen: „Wer hat dich denn zum Richter über uns bestellt?"

Die Konfliktparteien zeigen dann Einigkeit, weil sie einen gemeinsamen Feind entdeckt haben. Insofern hat der Möchtegern-Schlichter eine gewisse Einigkeit erreicht, aber die richtet sich gegen ihn, so dass er jetzt ein Problem hat.

In unserer Familie bin ich häufig derjenige, der sich ungefragt einmischt. Wir haben vier Kinder. Sie streiten sich gelegentlich, öfter, in meinen Augen zu oft. Ich selbst wuchs als Einzelkind auf – und habe mich nie mit meinen Geschwistern gestritten! Von daher fiel und fällt es mir schwer, Streit in der Familie zu ertragen. Ich neige dazu, schnell einzugreifen – und verderbe es mir dann häufig mit beiden Konfliktparteien. Meine Frau Martina wuchs selbst in einer sechsköpfigen Familie auf. Sie kennt Streit unter Geschwistern und reagiert gelassener als ich. Sie lässt die Kinder den Streit selbst austragen.

Die Frage ist natürlich: Wann muss ich als Familienvater oder generell als Führungskraft eingreifen? Das hängt von der Eskalationsstufe ab, auf der sich der Konflikt befindet. Bei einer niedrigen Eskalationsstufe ist es möglich und deshalb auch erstrebenswert, dass die Konfliktparteien alleine zu einer Lösung kommen. Bei einer mittleren Eskalation benötigen sie einen Mediator, der vermittelt, bei einer hohen Eskalation sogar eine Art Richter, der direktiv eingreift. Wenn ich Führungsverantwortung habe, muss ich auf jeden Fall eingreifen, wenn entweder die gemeinsame Sache (Familie, Firma, Projekt, Kirchengemeinde ...) gefährdet ist, oder wenn die Gefahr besteht, dass einzelne Personen ernsthaft und dauerhaft verletzt werden. (Mehr Informationen zu den Konflikteskalationsstufen findet man bei dem Konfliktforscher Friedrich Glasl.)

„Hör nicht auf das Geschwätz der Leute"

Das Arbeitsgericht Frankfurt am Main (Aktenzeichen 6 Ca 7216/04) stellte kürzlich fest, dass Chefkritik nicht automatisch zur Abmahnung führt (*Lexisnexis* 2005). Ein Arbeitnehmer hatte während eines Gesprächs mit einer Kollegin geäußert: „Die da oben sind alle bekloppt." Die Kollegin gab den Gesprächsinhalt an den Vorgesetzten weiter. Dieser mahnte daraufhin den Arbeitnehmer offiziell ab. Nach dem Urteil des Arbeitsgerichts muss diese Abmahnung nun aus der Personalakte entfernt werden. Das Gericht stellte fest, nicht jede abfällige Bemerkung im Kollegenkreis dürfe zum Gegenstand arbeitsrechtlicher Sanktionen gemacht werden, so lange sie den Vorgesetzten nicht öffentlich diffamiere oder den Betriebsfrieden störe.

Einen solchen Rat für Führungskräfte finden wir schon im Buch Prediger (Kohelet), welches wie die Sprüche zur Weisheitsliteratur gezählt wird:

> Hör nicht auf das Geschwätz der Leute;
> dann hörst du auch nicht,
> wie dein Untergebener über dich lästert!
> Du weißt genau, dass auch du sehr oft
> über andere hergezogen hast.
>
> Prediger 7,21.22 (Hfa)

Man muss nicht auf jede Kritik wiederum mit Kritik entgegnen. Man kann es manchmal machen wie Saul, der erste König Israels: Als er zum König gewählt wurde, waren manche Leute aus dem Volk damit nicht einverstanden: „Sie verachteten ihn und brachten ihm kein Geschenk. Aber er tat, als hörte er es nicht" (1. Sam 10,27 RE). Natürlich hätte Saul hier als König reagieren und diese Leute „abmahnen" können. Aber er ignorierte ihre Kritik einfach, ohne selbst mit Kritik zu entgegnen.

Unser Weisheitsspruch aus dem Predigerbuch ruft dazu auf, mit den falschen Äußerungen unserer Mitmenschen etwas gelassener umzugehen, weil auch wir solche Fehler machen. Karl Schock, Unternehmer aus Schorndorf, Gründer sowie Sponsor der Akademie für christliche Führungskräfte, pflegt zu sagen: „Jeder hat das Recht, auch mal etwas Dummes sagen zu dürfen."

Diese weise Erkenntnis gibt mir Gelassenheit: Ich muss nicht auf jede dumme Äußerung mit Kritik reagieren. Manchmal kann man gelassen darüber hinweg gehen. Das entspannt vor allem mich selbst!

Wer jedes Detail kritisiert, steht in der Gefahr sich zu verzetteln. Er sieht den Wald vor lauter Bäumen nicht. Konzentrieren Sie sich auf die wesentlichen Dinge, wo Sie wirklich Veränderung wünschen.

6. Vom weisen Kritisieren

> Ein Weiser, der mahnt, und ein Ohr, das auf ihn hört,
> das ist wie ein goldener Ring und ein goldenes Halsband.
> Sprüche 25,12 (LÜ)

Ideal ist es, wenn beides zusammen kommt: Ein weiser Mahner und jemand, der bewusst zuhört. Im Folgenden geht es um praktische Hinweise, wie man denn nun weise mahnen kann.

„Besser offene Rüge"

Die Deutschen gelten – vermutlich zu Recht – als ein Volk von Kritisierern. Viele handeln nach dem Motto: „Nicht geschimpft ist gelobt genug."

Um hier entgegen zu wirken und mehr zu loben, empfehlen manche die Regel: „Erst zehn positive Dinge sagen, bevor man eine negative Sache sagt." Für manche griesgrämige Zeitgenossen, die immer nur das Negative sehen, mag diese Regel eine Hilfe sein, auch mal den Blick auf das Positive zu lenken. Als grundsätzliches Schema ist diese Regel eher schwierig: Als ich einmal ein Feedback nach diesem Schema erhielt, hatte ich nachher ein komisches Gefühl. Irgendwie wuchs in mir der Eindruck, dass sich der andere bemühte, einige positive Dinge zu erwähnen, um dann schließlich und endlich nach langer Anlaufzeit das sagen zu können, was er mir von Anfang an sagen wollte. Über die genannten positiven Dinge konnte ich mich in der Situation nicht freuen. Da wäre es mir lieber gewesen, der andere wäre direkt zur Sache gekommen.

Wie wir schon im Kapitel „Vom falschen Schweigen" sahen, fordern die Sprüche zu ehrlicher und offener Kritik auf:

> Besser offene Rüge als verborgen gehaltene Liebe.
> Sprüche 27,5 (RE)

Der nachfolgende Vers gibt ein Beispiel dafür:

> Treu gemeint sind die Schläge dessen, der liebt,
> aber überreichlich die Küsse des Hassers.
> Sprüche 27,6 (RE)

„Flattery will get you anywhere", sagt man im Englischen („Schmeichelei bringt einen überallhin"). Aber der Schmeichler benutzt einen nur, um sein Ziel zu erreichen. Eine solche Person bezeichnet Sprüche 27,6 als Hasser. Es mag für diese Person eine Überwindung sein, den zu küssen, dem sein Hass gilt. Doch um zu ihrem Ziel zu kommen, macht sie es.

Auch wenn mir die Schmeichelei besser gefällt: Wer mich liebt, sagt mir auch die Wahrheit. Und die Wahrheit erlebe ich manchmal als Schlag.

Jede Kritik ist eine kostenlose Unternehmensberatung: Ich hielt in meiner Heimatgemeinde sonntags morgens eine Predigt. Am Nachmittag kam Emanuel, unser ältester Sohn, zu mir: „Was du in den ersten fünf Minuten deiner Predigt gesagt hast, hättest du nicht sagen dürfen." Keine schmeichelnden Worte – aber er hatte Recht. Durch meine ungeschickte Einleitung hatte ich einige Zuhörer verloren. Ich hatte selbst gemerkt, dass bei der Predigt der Funke nicht auf die Zuhörer übersprang. Durch die Kritik meines Sohnes verstand ich warum.

Wer sich kontinuierlich gegenüber Kritik immunisiert und keinen Rat von außen einholt, wird wie ein Messer sein, dass schon lange nicht mehr geschliffen wurde (Spr 27,17): stumpf, ineffektiv und irgendwann unbrauchbar. Personen mit Macht stehen in der Gefahr, von lauter Schmeichlern umgeben zu sein (Wie hilfreich, wenn sie dann Kinder Zuhause haben, die ihnen einen Spiegel vorhalten!). Deshalb empfiehlt der US-amerikanische Organisationspsychologe Kramer im Harvard Business Manager gerade Führungskräften, dafür zu sorgen, mindestens eine Person in ihrem Umfeld zu haben, die ihr schonungslos die Wahrheit sagt. Der US-amerikanische Filmproduzent Samuel Goldwyn (1884-1974) war eine solche Führungskraft: „Ich mag keine Jasager um mich herum. Ich will, dass jeder mir die Wahrheit sagt – auch wenn es ihn seinen Job kostet."

Dies passt zu dem schon erwähnten Sprichwort: „Wer einen anderen zurechtweist, findet schließlich Dank, mehr als der Schmeichler" (Spr 28,23). Kramers Artikel hat übrigens als Titel ein deutsches Sprichwort, welches auf ein alttestamentliches Sprichwort zurückgeht: „Hochmut kommt vor dem Fall" (Spr 16,18b).

„Ein rechtes Wort zur rechten Zeit"

> Ein Wort zu seiner Zeit, wie gut.
> Sprüche 15,23b (RE)

> Wie goldene Äpfel auf einer silbernen Schale,
> so ist ein rechtes Wort zur rechten Zeit.
> Sprüche 25,11 (Hfa)

Nicht nur die Wahl der Worte ist wichtig. Auch der Zeitpunkt ist gut zu wählen:

Kritik nicht zu früh

> Der Narr – sein Unmut tut sich
> an demselben Tag noch kund,
> wer aber die Schmach verborgen hält, ist klug.
> Sprüche 12,16 (RE)

Der Narr reagiert impulsiv und lässt seinen Ärger raus. Der Weise kann sich beherrschen. Er handelt nicht unter dem ersten Impuls. Er kann sich zurückhalten, bis der rechte Augenblick gekommen ist.

Die Erkenntnis aus der ersten Hälfte dieses Spruches hat eine Parallele im Regelwerk der deutschen Bundeswehr: Ein rangniederer Soldat darf sich über einen Vorgesetzten beschweren. Aber es müssen 24 Stunden zwischen dem Ereignis und der Abgabe der Beschwerde liegen. Somit können Narren ihren Unmut also nicht an demselben Tag kundtun.

Kritik nicht sofort auszusprechen bietet erstens Vorteile für den Kritisierer: Es kommt vor, dass man sich spontan ärgert. Hat man dann eine Nacht darüber geschlafen, so fragt man sich, warum man so stark reagiert hat. Meistens beantworte ich E-Mails noch am selben Tag. Dies ist im Normalfall auch sehr sinnvoll. Wenn ich mich allerdings über eine E-Mail geärgert habe, fällt die Antwort entsprechend wirsch aus. Wie oft habe ich mich einen Tag später darüber geärgert, dass ich einem spontanen Impuls folgend die E-Mail noch am selben Tag abschickte, anstatt eine Nacht darüber zu schlafen und sie am nächsten Tag noch mal in Ruhe zu revidieren.

Kritik nicht sofort auszusprechen bietet zweitens Vorteile für den Kritisierten: Es kann sein, dass dieser eine Leistung vollbracht hat und ausgepowert ist. Wenn ich zum Beispiel einen Vortrag halte, strengt mich das an. Ich gebe etwas von mir als Person, je nach Thema offenbare ich vielleicht sehr viel von mir. Dann bin ich ausgepowert. Meine Frau kennt mich und reagiert weise. Sie kritisiert mich nicht unmittelbar nach dem Vortrag und auch nicht auf der Heimfahrt. Sie wartet, bis ich mich erholt habe. – Wer erschöpft ist, hat keine emotionalen Kraftreserven, um mit Kritik weise umzugehen.

Kritik nicht zu spät

Kritik darf auch nicht zu spät kommen. Denn erstens kann sich der andere dann vielleicht nicht mehr an die Situation erinnern. Zweitens besteht durch verschleppte Kritik die Gefahr einer Misstrauenskultur. Wenn Sie als Vorgesetzter Ihrem Mitarbeiter am 1. August sagen, was Sie bei seiner Aktion am 1. Februar nicht gut fanden, züchtet dies Unsicherheit. Ihr Mitarbeiter kann nie sicher sein, ob Sie mit seiner Arbeit zufrieden sind. Es könnte ja sein, dass Sie ein halbes Jahr später Ihre Kritik äußern.

Der rechte Augenblick ist grundsätzlich beim Reden wichtig, beim Kritisieren ist er *besonders* wichtig: Nicht zu früh und nicht zu spät. Die altgriechische Sprache kennt sogar ein eigenes Wort für den richtigen Zeitpunkt: „*Kairos*". Den Kairos zu erkennen, ist ein besonderes Merkmal von Weisheit.

„Wo viele Worte sind, da geht's ohne Sünde nicht ab"

Kennen Sie Harald? Wenn er Sie kritisiert, redet er und redet und redet. Sie merken schon früh, worauf er hinaus will. Sie haben inzwischen verstanden und eingesehen, was Sie anders machen sollten. Aber er redet weiter. Und mit jedem Wort wird Ihre Verletzung größer. Sie fühlen sich in die Zeit als Kind zurückversetzt, wenn Ihnen Ihr Vergehen schon längst klar war, aber Ihr Vater oder Ihre Mutter eine „Gardinenpredigt" hielten.

> Wo viele Worte sind, da geht's ohne Sünde nicht ab;
> wer aber seine Lippen im Zaum hält, ist klug.
>
> Sprüche 10,19 (LÜ)

Wen Sie jemanden kritisieren wollen, machen Sie nicht mehr Worte als nötig. Das kann unnötig verletzen. Machen Sie Ihren Standpunkt mit wenigen, aber klaren Worten deutlich. In den nächsten Abschnitten entwickeln wir ein Feedbackschema, das genau aus vier Schritten besteht, nicht mehr und nicht weniger.

„Eine sanfte Antwort dämpft die Erregung"

> Eine sanfte Antwort dämpft die Erregung,
> eine kränkende Rede reizt zum Zorn.
>
> Sprüche 15,1 (EÜ)

> Ehre ist es dem Mann, vom Streit abzulassen,
> jeder Narr aber fängt Streit an.
>
> Sprüche 20,3 (RE)

Die Ratschläge für schlechte Kritisierer helfen, andere zu kränken. Mit Kränkungen fängt man Streit an. Aussagen und Urteile über den anderen („Du bist ...") führen schnell zur Eskalation. Der andere fühlt sich angegriffen und verteidigt sich oder greift wiederum mich an. Sanfte Antworten sind zum Beispiel die so genannten „Ich"-Aussagen: Wenn ich nur über mich rede, nur über meine Gefühle und dabei wirklich ganz bei mir bleibe, vermeide ich die Eskalation.

Unsere Erfahrung aus sechs Jahren Kommunikationstraining ist: Es ist gar nicht so leicht, eine reine Ich-Aussage zu machen. Häufig wählt man Worte, die doch indirekt auch etwas über den anderen sagen. Wenn jemand sagt: „Ich fühle mich unterdrückt", so ist dies eine Passivformulierung, die voraussetzt, dass jemand ihn unterdrückt hat. Die Formulierung „Ich fühle mich unter Druck" bleibt ganz bei mir. Andere tun sich überhaupt schwer, ihre Gefühle wahrzunehmen und dafür Worte zu finden. Folgende drei Tabellen von Marshall Rosenberg (2002:56-58) können hier eine Hilfe sein:

Tabelle 1: Scheinbare Gefühlsworte

Die folgenden Wörter drücken implizit Interpretationen aus:

abgeschnitten	herabgesetzt	niedergemacht
angegriffen	hintergangen	provoziert
ausgebeutet	in die Enge getrieben	sabotiert
ausgenutzt	manipuliert	übergangen
bedroht	missbraucht	unterbrochen
benutzt	missverstanden	unter Druck gesetzt
beschämt	nicht beachtet	unterdrückt
betrogen	nicht ernst genommen	ungewollt
bevormundet	nicht geachtet	uninteressant
eingeengt	nicht gehört	unwichtig
eingeschüchtert	nicht gesehen	verlassen
festgenagelt	nicht verstanden	vernachlässigt
gequält	nicht unterstützt	vernichtet
gezwungen	nicht respektiert	vertrieben
gestört	nicht wertgeschätzt	zurückgewiesen

Tabelle 2: Reine Gefühlsworte bei unangenehmen Gefühlen

ängstlich	erschüttert	schüchtern
ärgerlich	erstarrt	schockiert
alarmiert	frustriert	schwer
angeekelt	furchtsam	sorgenvoll
angespannt	gehemmt	streitlustig
voller Angst	geladen	teilnahmslos
ärgerlich	gelähmt	todtraurig
apathisch	gelangweilt	tot
aufgeregt	genervt	überwältigt
ausgelaugt	hasserfüllt	voller Sorgen
bedrückt	hilflos	unglücklich
beklommen	in Panik	unter Druck
besorgt	irritiert	unbehaglich
bestürzt	kalt	ungeduldig
betroffen	kribbelig	unruhig
bitter	lasch	unwohl
deprimiert	leblos	unzufrieden
dumpf	lethargisch	verärgert
durcheinander	lustlos	verbittert
einsam	miserabel	verletzt
elend	müde	verspannt
empört	mutlos	verstört
enttäuscht	nervös	verzweifelt
entrüstet	niedergeschlagen	verwirrt
ermüdet	perplex	widerwillig
ernüchtert	ruhelos	wütend
erschlagen	traurig	zappelig
erschöpft	sauer	zitternd
erschreckt	scheu	zögerlich
erschrocken	schlapp	zornig

Tabelle 3: Reine Gefühlsworte bei angenehmen Gefühlen

angeregt	fasziniert	motiviert
aufgeregt	freundlich	munter
angenehm	friedlich	mutig
aufgedreht	fröhlich	neugierig
ausgeglichen	froh	optimistisch
befreit	gebannt	ruhig
begeistert	gefasst	satt
behaglich	gefesselt	schwungvoll
belebt	gelassen	selbstsicher
berauscht	gespannt	selbstzufrieden
berührt	gerührt	selig
beruhigt	gesammelt	sicher
beschwingt	geschützt	sich freuen
bewegt	glücklich	spritzig
eifrig	gutgelaunt	still
ekstatisch	heiter	strahlend
energiegeladen	hellwach	überglücklich
energisch	hocherfreut	überrascht
engagiert	hoffnungsvoll	überschwänglich
enthusiastisch	inspiriert	überwältigt
entlastet	jubelnd	unbekümmert
entschlossen	kraftvoll	unbeschwert
entspannt	klar	vergnügt
entzückt	lebendig	verliebt
erfreut	leicht	wach
erfrischt	liebevoll	weit
erfüllt	locker	wissbegierig
ergriffen	lustig	zärtlich
erleichtert	Lust haben	zufrieden
erstaunt	mit Liebe erfüllt	zuversichtlich

Vielleicht denken Sie jetzt: „Hier wird doch der Cent kaputt gebissen. Das ist doch alles übertrieben." Das stimmt – aus Sicht der Kritisierer. Die Kritisierten reagieren auch auf kleine Unterschiede. Horchen Sie in sich selbst hinein:

Was löst es in Ihnen aus, wenn Ihnen jemand sagt:
„Sie sind dominant."
oder „Sie wirken auf mich dominant."
oder „Ich fühle mich unterdrückt."
oder „Ich fühle mich unter Druck."

Die oberste Variante ist die aggressivste, die nächsten Varianten sind schon weniger aggressiv, die letzte Variante ist völlig angriffsfrei. Genauso in folgendem Beispiel:

Was löst es in Ihnen aus, wenn Ihnen Ihr Partner oder Ihre Partnerin sagt:
„Die Arbeit ist dir wichtiger als ich."
oder „Es wirkt auf mich, als ob dir die Arbeit wichtiger sei als ich."
oder „Ich fühle mich von dir nicht geachtet."
oder „Ich fühle mich einsam."

„Langsam zum Reden"

Jeder Mensch sei schnell zum Hören,
langsam zum Reden,
langsam zum Zorn!
Jakobus 1,19 (RE)

Wer antwortet, ehe er hört,
dem ist's Torheit und Schande.
Sprüche 18,13 (LÜ)

Beide Bibelverse signalisieren: Bevor man kritisiert, sollte man genau zuhören bzw. genau beobachten: Was genau hat der andere gesagt? Was genau gefällt mir daran nicht?

Der Hamburger Kommunikationspsychologe Friedemann Schulz von Thun weist darauf hin, dass im Inneren eines Empfängers drei verschiedene Vorgänge passieren:

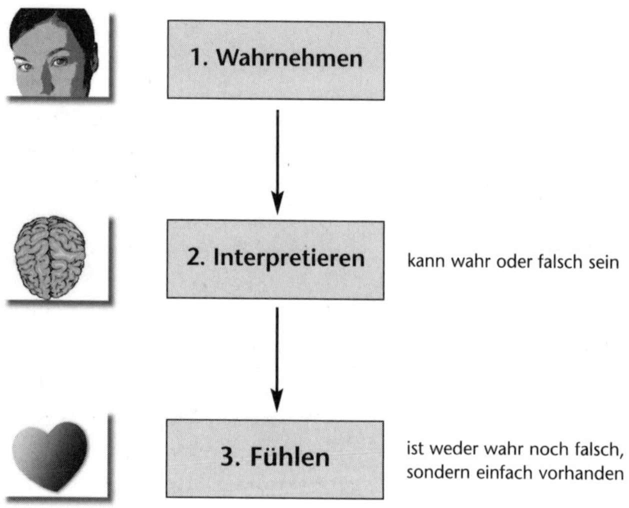

Abbildung 4: Dreierschritt

Die Wahrnehmung geschieht mit den Sinnen: wir sehen, hören, fühlen etwas. Diese Wahrnehmung interpretieren wir. Die Interpretation ist ein Denkakt, sie kann wahr oder falsch sein. Diese Interpretation löst wiederum ein Gefühl bei uns aus. „In der Regel sind wir wenig geübt, diese drei Vorgänge in uns auseinanderzuhalten: sie verschmelzen zu einem Kuddelmuddel-Produkt", kommentiert Schulz von Thun (1997:73).

Ich ging mit unserem jüngsten Sohn Josia in den Supermarkt. Er hatte er gerade Taschengeld bekommen und kaufte für sein gesamtes Taschengeld Süßigkeiten. Ich sagte verärgert zu ihm: „Du kannst nicht sparen."

Was ging dabei in mir vor? Meine Wahrnehmung war: Ich sehe, wie Josia sein Taschengeld für Süßes ausgibt. Ich interpretierte: Josia kann nicht sparen, weil er sein gesamtes Taschengeld sofort ausgibt. Ich ärgerte mich, weil ich vorher dieses Geld erst erarbeiten musste.

Das Problem bei dieser Kommunikation ist, dass ich in der Aussage „Du kannst nicht sparen" alles vermische. Wir neigen dazu, Handlungen sofort zu bewerten. *Es ist eine hohe Kunst zu beobachten, ohne direkt zu bewerten*, zu interpretieren.

Es geht nicht darum, Interpretationen zu vermeiden. Interpretationen gehören mit zum Verstehensprozess. Wichtig ist erstens die bewusste Trennung zwischen Beobachtung und Interpretation und zweitens das Bewusstsein, dass es sich um eine Interpretation handelt und sie daher richtig oder falsch sein kann.

Man kann hier von der Vorgehensweise in der Wissenschaft lernen: Empirisch arbeitende Wissenschaftler trennen klar zwischen Beobachtungsdaten und der Interpretation, der Bewertung dieser Daten. Eine gute wissenschaftliche Arbeit zeichnet sich dadurch aus, dass erst das Experiment sorgfältig beschrieben wird, z.B. der Versuchsaufbau in der Physik oder die Umfrage in den Sozialwissenschaften.[2] Erst danach werden die Schlüsse beschrieben. Seien Sie skeptisch bei Veröffentlichungen, wo dies nicht der Fall ist! Allerdings gehört die Interpretation dazu. Eine reine Sammlung von Beobachtungsdaten ist noch keine wissenschaftliche Arbeit. Die Schlüsse, die Interpretationen sind ganz wesentlich.

Eine Beobachtung ist das, was man sinnlich wahrnehmen

kann, was man zum Beispiel mit einer Kamera aufnehmen könnte. In einem Rhetorik-Seminar kann die Kamera beispielsweise nicht aufnehmen, ob jemand „gut" steht. Sie kann nur aufnehmen, dass jemand mit beiden Füßen auf dem Boden steht und zwischen beiden Füßen ein Abstand von etwa 15 cm ist. Ob das „gut" ist, ist eine Frage der Bewertung und nicht der Beobachtung.

Obwohl die meisten Menschen selbst nicht gerne bewertet werden, neigen die meisten dazu, andere zu bewerten. Streut man in der Formulierung Noten ein wie „gut" oder „mangelhaft", so erinnert das an die Schule. Die Note „gut" ist bei der Formulierung der Interpretation auch nicht sehr hilfreich, weil sie nicht ausdrückt, was genau gut war. Wählen Sie möglichst konkrete Adjektive: „Ich habe bei deinem Vortrag deinen Stand beobachtet. Du hattest beide Beine auf dem Boden, etwa zwei Handbreit auseinander. Das wirkt auf mich sicher und ich vermute, du warst dir sicher in deinem Vortrag."

Das GeWIEHfte Feedback

Der Ausdruck „Feedback" stammt aus der Kybernetik, der Steuerungslehre. Es bedeutet „Rückmeldung, Rückkopplung". Ein technisches System erhält zum Beispiel eine Rückmeldung über einen bestimmten Wert und kann darauf entsprechend reagieren. Im Kommunikationsbereich informiert ein Feedback mich darüber, wie ich von anderen wahrgenommen, verstanden und erlebt wurde.

Für das Feedback erweitern wir den vorhin beschriebenen Dreier-Schritt um einen vierten Schritt, in dem ein Handlungswunsch ausgesprochen wird. So kommen wir zu dem so genannten **geWIEHften Feedback.** Dessen Name leitet sich von den Anfangsbuchstaben seiner vier Bestandteile ab:

1. **W**ahrnehmung 

2. **I**nterpretation 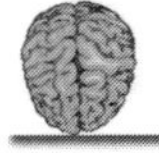

3. **E**motion 

4. **H**andlungswunsch 

zu 1. Wahrnehmung:

Die Wahrnehmung bezieht sich immer auf eine konkrete Beobachtung, wie wir im vorigen Abschnitt gesehen haben. Verallgemeinerungen wie „immer“, „nie“, „ständig“ sind nicht erlaubt. Wir reden über konkrete Situationen. Wenn meine Frau mir den Vorwurf machte, ich würde ihr *nie* beim Abwasch helfen, dann würde ich in meinem Gedächtnis kramen, um mich an eine Gelegenheit im letzten Jahr zu erinnern, wo ich ihr doch geholfen habe (und mir würde garantiert ein solcher Tag einfallen!). Damit würde ich die Grundlage ihres Feedbacks zerstören. Wenn sie aber nur über gestern Abend spricht, kann ich ihr (leider) an dieser Stelle nicht widersprechen.

zu 2. Interpretation:

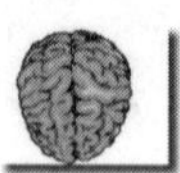

Hier teilt man mit, wie man das Verhalten des anderen interpretiert. *Die Interpretation kann wahr oder falsch sein.* Manche bevorzugen deshalb, die Interpretation nicht auszusprechen. Nun ist es aber so, dass man immer interpretiert. Unsere Erfahrung ist: Dann ist es auch besser, sie offen auszusprechen – wohlwissend, dass sie falsch sein kann. Wählen Sie bei der Interpretation möglichst konkrete Beschreibungen statt allgemeiner Noten. Die Interpretation kann auch eine Brücke zum anderen bauen: „Ich vermute, dir sind Süßigkeiten wichtig", hätte ich zu meinem Sohn Josia im Supermarkt sagen können. In jedem Fall hilft die explizite Formulierung der Interpretation, mir klar zu machen, was ich über den anderen denke. Zu überlegen, was den anderen wohl zu der Handlung motiviert hat, ist ein Schritt, mich in den anderen hinein zu versetzen.

zu 3. Emotion:

Emotionen sind vorhanden. Statt eine scheinbar objektive Aussage zu machen, formulieren Sie Ihre eigenen Gefühle und nur diese. Sie bleiben ganz bei sich, ohne etwas über den anderen zu sagen. Worte wie „du", „dir", „dein" bzw. „Sie", „Ihnen", „Ihr" gehören nicht in den Teil „Emotion". (Zur Formulierung von Gefühlen siehe den vorletzten Abschnitt „Eine sanfte Antwort dämpft die Erregung" und insbesondere die Tabellen 1-3.) Manchmal kann es zusätzlich hilfreich sein, das Gefühl mit der Wahrnehmung zu verknüpfen, also in einem Satz zu erklären, warum die von mir wahrgenommene Handlung dieses Gefühl in mir auslöste.

Die Formulierung der Emotion unterstreicht die Subjektivität des Feedbacks. Statt „Das hast du gut gemacht" sage ich lediglich „Das entspricht meinen Bedürfnissen". Denn eine andere Person könnte dieselbe Situation ganz anders empfinden.

zu 4. Handlungswunsch:

Statt einer Aufforderung „Du musst“ wird ein Wunsch geäußert: „Ich wünsche mir, dass du …“. Ein Wunsch engt den anderen nicht ein und lässt ihm Freiraum zur Entscheidung. Er muss nicht erfüllt werden. Der Handlungswunsch kann eine Bestätigung sein: „Ich wünsche mir, du behältst dies bei.“

Oder er kann den Wunsch nach Veränderung ausdrücken. Dann sollte er positiv formuliert sein, damit der andere nicht nur weiß, was er nicht tun soll, sondern auch weiß, was er tun soll. Vielleicht versteht er es sonst nicht.

Vor einiger Zeit kam ich von einer mehrtägigen Dienstreise abends zurück. Meine Frau sagte mir, Klaus Eickhoff habe angerufen und ich solle ihn bitte heute noch zurückrufen. Sie bat mich, nicht so lang zu telefonieren. Ich ging ins Büro, rief Klaus Eickhoff an und machte es kurz. Da ich aber nun schon im Büro war, schaltete ich auch gleich den Computer an. Ich holte E-Mails ab, überflog sie, und da einige schnell zu beantworten waren, tat ich dies auch. Nach einer halben Stunde kam ich wieder ins Wohnzimmer und fand die beste aller Ehefrauen etwas angesäuert vor. Ich verstand nicht warum. Denn ich hatte nicht lange telefoniert, genau wie sie mir gesagt hatte. Das Problem: Sie hatte mir nur gesagt, was ich nicht tun sollte, aber nicht, was ich tun sollte, nämlich schnell wieder zurückkommen. – Wenn es Ihnen ähnlich geht, wie es meiner Frau mit ihrem Ehemann erging: Versuchen Sie möglichst konkret zu sagen, was Sie sich wünschen. Das hilft dem anderen zum Verständnis.

Wichtig: Der Handlungswunsch formuliert, was ich mir *vom* anderen wünsche, damit ich mich wohler fühle. Er sagt nicht, was ich *dem* anderen wünsche. Und es ist ein Wunsch, kein Ratschlag, kein Tipp und erst recht kein Befehl. Mit einem ungebetenen Ratschlag stelle ich mich über den anderen: Ich weiß, was für den anderen gut ist. Ein Wunsch wird ausgesprochen zwischen zwei Menschen, die sich auf gleicher Augenhöhe begegnen.

Wahrnehmung, Interpretation, Emotion und Handlungswunsch bauen aufeinander auf. Ich habe eine Beobachtung A, diese Beobachtung A wird von mir interpretiert, und sie löst ein Gefühl in mir aus. Zu dieser Beobachtung A habe ich einen Handlungswunsch. Die vier Bestandteile müssen also zueinander passen. Wenn jemand bei der Emotion ein Wohlgefühl ausdrückt „Ich habe mich sicher gefühlt", aber dann bei dem Handlungswunsch einen Wunsch nach Änderung ausdrückt, passt das nicht zusammen. Eine solche Inkongruenz könnte ein Indiz dafür sein, dass der Feedbackgeber vielleicht zwei Beobachtungen A und B hatte, von denen eine bei ihm ein Wohlgefühl und die andere ein Unwohlgefühl ausgelöst hat. Der Veränderungswunsch bezieht sich dann auf die zweite Beobachtung. Es wäre wichtig, dies im Feedback zu trennen, zum Beispiel:

- Wahrnehmung A: „Du hattest beide Beine auf dem Boden, etwa zwei Handbreit auseinander."
- Interpretation zu A: „Das wirkt auf mich sicher und ich vermute, du warst dir sicher in deinem Vortragsthema."
- Emotion zu A: „So fühlte ich mich als Zuhörer auch sicher."
- Handlungswunsch zu A: „Weiter so!"

Jetzt ein zweites Feedback zum selben Vortrag, das mit einem Veränderungswunsch endet:

- Wahrnehmung B: „Du bist während deines ganzen Vortrags still gestanden."
- Interpretation zu B: „Ich vermute, du warst innerlich sehr ruhig."
- Emotion zu B: „Ich fühlte mich teilnahmslos."
- Handlungswunsch zu B: „Ich wünsche mir, dass du dich während des Vortrags gelegentlich bewegst."

Ein geWIEHftes Feedback

Von:
Für:
Zu:

1. Feedback

 Wahrnehmung:

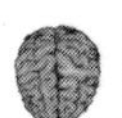 Interpretation dazu:

 Emotion dazu:

 Handlungswunsch dazu:

2. Feedback

 Wahrnehmung:

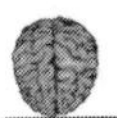 Interpretation dazu:

 Emotion dazu:

 Handlungswunsch dazu:

Abbildung 5: Formular für geWIEHftes Feedback

Das geWIEHfte Feedback wirkt auf den ersten Blick etwas gestelzt. Dieses Gefühl verflüchtigt sich nach einer Einübungszeit. In jedem Fall lohnt es aber den Einsatz, denn es hat einige Vorteile:

- Es ist angriffsfrei und verletzt den anderen nicht, *unabhängig davon, ob dieser das Schema kennt oder nicht.*
- Es verhilft zur Präzision (statt Geschwafel).
- Es trennt das Kuddelmuddel einer Nachricht: Wahrnehmung, Bewertung und Emotion.
- Es schärft die Wahrnehmung: Was genau habe ich beobachtet?
- Es hilft mir, mich in den anderen hinein zu versetzen: Was ist wohl seine Motivation?
- Es übt die Selbstwahrnehmung: Was löst es in mir aus, wenn der andere etwas Bestimmtes tut?
- Es macht die Subjektivität des Feedbacks deutlich.
- Es ist ergebnisoffen: Die andere Person entscheidet eigenständig, ob sie meinen Handlungswunsch erfüllt oder nicht.
- Es ist im privaten und im beruflichen Umfeld anwendbar.

Dennoch: Das geWIEHfte Feedback ist kein Allheilmittel. Es ist nicht angebracht,

- wenn es nicht zur inneren Haltung des Feedback-Gebers passt: Wer tief in seinem Herzen sich dem anderen überlegen fühlt, den anderen besiegen oder zumindest verletzen möchte, muss sich nicht die Mühe machen, dies in einem geWIEHften Feedback zu kaschieren. Die non-verbale Kommunikation (Körperhaltung, Gestik, Mimik etc.) wird in dem Fall die innere Haltung nach außen kommunizieren. Und bei Inkongruenz zwischen verbaler und non-verbaler Kommunikation „spricht" das Non-verbale lauter als die Worte selbst.
- wenn es um eine „kleine Sache" geht: Man kann einen Vortragenden auch einfach bitten, die Flipchart so zu drehen, dass man sie lesen kann, ohne ihm zu erklären, dass man sich sonst

ärgert. Es besteht die Gefahr, dass bei kleinen Sachen die Worte für die Emotion zu drastisch ausfallen.
- wenn es um „richtig" oder „falsch" geht. In dem Fall beachte man den folgenden Abschnitt „Kritik mit Maßstab".

Die wenigsten Menschen können das geWIEHfte Feedback sofort perfekt anwenden. Übung macht auch hier den Meister. Suchen Sie sich jemanden als Gegenüber, der Ihnen sagt, ob Sie nun ein echt geWIEHftes Feedback formuliert haben, oder ob vielleicht die Formulierung der Emotion doch eine versteckte Interpretation enthielt. Und geben Sie nicht auf! In unseren Seminaren üben wir das geWIEHfte Feedback fünf Tage lang.

Kritik mit Maßstab

Was macht man in Situationen, wo ein einfaches Feedback, ein reiner Spiegel nicht genügt? Sie sind vielleicht verantwortlich für eine Organisation, ein Projekt. Ein Mitarbeiter verhält sich nicht entsprechend den Leitlinien dieser Organisation. Als Führungskraft sind Sie jetzt gefordert. Vielleicht fangen Sie mit einem geWIEHften Feedback an. Wenn die Person darauf reagiert, ist es gut: Sie haben Veränderung erreicht, ohne von Ihrer Autorität Gebrauch machen zu müssen. Aber was machen Sie, wenn die Person darauf nicht reagiert?

Wichtig ist die innere Haltung: Nicht Sie sind der Maßstab, sondern Sie messen anhand eines Maßstabes, unter dem auch Sie stehen. Hier sind klare, gemeinsam vereinbarte Leitlinien hilfreich, auf die man sich beziehen kann. Alle Mitarbeiter sind auf diese Leitlinien verpflichtet. Das ist der Maßstab. Sie können die Mitarbeiter darauf ansprechen, wenn das Verhalten nicht zu den Leitlinien passt.

Ein Vorteil ist: Sie sagen damit nicht, dass die Person sich schlecht verhält, Sie sagen nur, dass es nicht zu den vereinbarten Leitlinien passt.

Ein zweiter Vorteil: Sie treten somit nicht als Diktator auf, der alleine bestimmt, was richtig und falsch ist. Sondern Sie stehen auch unter den Leitlinien, die für alle gelten. Selbst wenn Sie als Chef die Leitlinien selbst formuliert haben, jetzt gelten sie auch für Sie.

Als Seminarleiter gebe ich im Seminar selbst häufig ein ergebnisoffenes Feedback ohne Bewertung. Als akademischer Leiter gebe ich nach dem Seminar auch Noten. Ich bewerte und benote die Hausarbeiten. Die Notengebung ist in den Geisteswissenschaften schwieriger und subjektiver als in den Naturwissenschaften. Ich lege mich aber auf eine Note fest und erkläre sie. Dabei lasse ich die Möglichkeit offen, dass der Student ein geniales Werk verfasst hat und ich es einfach nicht erkannt habe. Dennoch: Als akademischer Lehrer kann ich nur das benoten, was ich verstehe. Und dies hat manchmal negative Auswirkungen für den weiteren Ausbildungsweg des Studenten.

Dieses Beispiel macht deutlich: In manchen Situationen ist ein Feedback angebracht, in manchen eine Bewertung. Fatal ist es, wenn man beides vermischt. Viele Führungskräfte wollen gerade zu Anfang moderat und kollegial führen. So habe ich mich selbst dabei ertappt, dass ich in den ersten Jahren als Akademieleiter meine Kommentare zu den Hausarbeiten mit der Überschrift „Feedback zum Kurs“ begann, unten aber mit einer Note endete. Das ist eine unzulässige Vermischung. Wenn man eine Benotung vornimmt, soll man auch dazu stehen und sie nicht als Feedback kaschieren. Heute schreibe ich „Bewertung zum Kurs“ über das Blatt.

7. „Besser das Ende einer Sache als ihr Anfang"

> Besser das Ende einer Sache als ihr Anfang.
> Prediger 7,8a (EÜ)

Okay, wir kommen zum Schluss:

„Tod und Leben sind in der Macht der Zunge"

Worte haben Kraft. Worte sind nicht nur Schall und Rauch. Das Alte Testament beginnt mit der Erzählung darüber, wie Gott durch sein Wort ein ganzes Universum erschafft. „Gott sprach" – und es geschah (1. Mose 1). Als Ebenbild Gottes kann der Mensch ebenfalls sprechen. Und auch seine Worte haben Kraft. Diese Kraft kann der Mensch einsetzen zum Auferbauen (segnen) oder zum Zerstören (fluchen):

> Tod und Leben stehen in der Macht der Zunge;
> wer sie liebevoll gebraucht, genießt ihre Frucht.
> Sprüche 18,21 (EÜ)

Der Mensch hat es in der Hand, seine Zunge richtig oder falsch zu gebrauchen. Er trägt folglich auch die volle Verantwortung für seine Worte und muss auch die Konsequenzen („die Frucht") tragen.

Von den großen Auswirkungen der kleinen Zunge weiß der Jakobusbrief im Neuen Testament zu berichten. Der Jakobusbrief hat von den neutestamentlichen Schriften am meisten Ähnlichkeit mit den Sprüchen. In einer Abhandlung über die Zunge greift er den Gedanken von Sprüche 18,21 auf:

> So ist auch die Zunge ein kleines Glied
> und rühmt sich großer Dinge.
> Siehe welch kleines Feuer, welch einen
> großen Wald zündet es an!
> Jakobus 3,5 (RE)

Jakobus bestätigt: Die Zunge hat Macht. Allerdings ist ein feiner Unterschied zwischen Sprüche 18,21 und Jakobus 3 zu beobachten: Sprüche 18,21 betont die freie Verfügung des Menschen über die Zunge. Jakobus wählt zwar Vergleiche wie die Zähmung der Tiere, die die Möglichkeit nahe legen, die Zunge zu beherrschen; er stellt jedoch dann resigniert fest: „Die Zunge aber kann keiner der Menschen bändigen: sie ist ein unstetes Übel, voll tödlichen Gifts" (Jak 3,8). Einerseits hat der Mensch Macht über die Zunge, andererseits hat er gelegentlich Schwierigkeiten, diese Macht auszuüben. Jakobus' Beobachtung passt zu einem anderen Spruch im Alten Testament:

> Beim Menschen sind die Überlegungen des Herzens,
> aber vom Herrn kommt die Antwort der Zunge.
> Sprüche 16,1 (RE)

Bei allem Bemühen um Weisheit, bei allem Bestreben von den Weisen zu lernen, weiß das Alte Testament: Die Kunst eine richtige Antwort zu geben, immer wieder das geeignete Wort zu finden, ist letztlich eine Gabe Gottes. „Denn der Herr gibt Weisheit" (Spr 2,6a EÜ, LÜ & RE). Vor dem Hintergrund der alttestamentlichen Gewissheit, dass letztlich Gott Geber der Weisheit ist, versteht sich auch Jakobus' Rat: „Wenn aber jemand von euch Weisheit mangelt, so bitte er Gott" (Jak 1,5a RE). Dieser Rat meint keine fromm getarnte Trägheit, wo man die Hände in den Schoß legt und Gott alles machen lässt. Der Mensch bleibt verantwortlich für sein Reden und ist aufgerufen, Weisheit beim Reden zu erwerben. Das bedeutet Lernen und Üben.

Analog zur Alternative „Leben oder Tod" stellt Jakobus zum Gebrauch der Zunge fest:

> Mit ihr preisen wir den Herrn und Vater,
> und mit ihr fluchen wir den Menschen,
> die nach dem Bild Gottes geschaffen worden sind.
> Aus demselben Mund gehen Segen und Fluch hervor.
> Dies, meine Brüder, sollte nicht so sein.
>
> Jakobus 3,9.10 (RE)

Jakobus will uns motivieren, die Zunge segnend einzusetzen. Er ruft deshalb auf, ein Weiser zu werden: „Wer ist weise und verständig unter euch?" (Jak 3,13). Seine Schlussfolgerung passt wieder zur Spruchweisheit:

> Die Worte eines gedankenlosen Schwätzers
> verletzen wie Messerstiche;
> was ein weiser Mensch sagt, heilt und belebt.
>
> Sprüche 12,18 (Hfa)

Die Weisen setzen die Zunge lebens*fördernd* ein, die Schwätzer setzen sie lebens*zerstörend* ein. Hierzu passt die Unterscheidung zwischen Gesprächs*förderer* und Gesprächs*störer* in dem sehr hilfreichen Buch „Professionelle Gesprächsführung" von Christian-Reiner Weisbach.

Jeder hat nun die Wahl: Will ich meine Zunge zum Leben oder zum Tod einsetzen? Will ich Kommunikation fördern oder stören?

Wer sich für die Förderung des Lebens entscheidet, kann auf die folgende Zusammenfassung zurückgreifen:

Ratschläge für gute Kritisierer

Tipps, um zu kritisieren ohne zu verletzen:

1. Formulieren Sie die Kritik möglichst zeitnah.
2. Suchen Sie einen Zeitpunkt, in dem der andere möglichst emotional stabil ist.
3. Leben Sie auch bei Kritik Gleichwertigkeit mit der anderen Person. Lassen Sie die Möglichkeit offen, dass Sie sich irren können.
4. Reden Sie nur über den konkreten Vorfall.
5. Bewerten Sie die Tat – und nicht den Täter.
6. Trennen Sie zwischen dem, was Sie konkret beobachtet haben, und Ihrer Interpretation dazu. Worte wie „gut", „falsch" sind nicht beobachtbar, sie sind eine Bewertung.
7. Trennen Sie klar zwischen Gefühlen und Urteilen!
   a. Nehmen Sie Ihre eigenen Gefühle wahr – und stehen Sie dazu! Benennen Sie Ihre Gefühle. Benutzen Sie dabei reine Ich-Aussagen, indem Sie an dieser Stelle nur über sich reden, nicht über den anderen.
   b. Falls „objektive" Kriterien verletzt wurden (wie z.B. vereinbarte Unternehmensregeln), benennen Sie diesen Maßstab und zeigen Sie auf, wo es eine Verletzung gab.
8. Nennen Sie konkret, was Sie sich anders wünschen.

Literaturverzeichnis

Bühlmann, Walter. 1976. *Vom rechten Reden und Schweigen. Studien zu Proverbien 10-31.* Göttingen: Vandenhoeck & Ruprecht.

Fischer, Roger, Ury, William & Patton, Bruce M. 2000. *Das Harvard-Konzept. Sachgerecht verhandeln – erfolgreich verhandeln.* Jubiläumsausgabe. Frankfurt a.M.: Campus.

Glasl, Friedrich. 2004. *Konfliktmanagement. Ein Handbuch für Führungskräfte, Beraterinnen und Berater.* 8. akt. u. erw. Aufl. Stuttgart, Wien: Haupt.

Kessler, Martina & Kessler, Volker. 2004. *Die Machtfalle. Machtmenschen in der Gemeinde.* 3., erw. Aufl. Gießen: Brunnen.

Kölnische Rundschau. 2005. www.rundschau-online.de Tagesthemen. 15. März 2005.

Kramer, Roderick M. 2004. Hochmut kommt vor dem Fall, in *Harvard Business Manager* April 2004, 79-91.

LexisNexis 2005. www.lexisnexis.de Aktuelles. 14. März 2005.

Murphy, Roland E. 1998. *Proverbs.* Word Biblical Commentary 22. Nashville: Thomas Nelson.

Plöger, Otto. [1983] 2003. *Sprüche Salomos. Proverbia.* Biblischer Kommentar Altes Testament XVII. Studienausgabe. Neukirchen-Vluyn: Neukirchener Verlag.

Rosenberg, Marshall B. 2002. *Gewaltfreie Kommunikation. Aufrichtig und einfühlsam miteinander sprechen. Neue Wege in der Mediation und im Umgang mit Konflikten.* 3. korr. Aufl. Paderborn: Junfermann.

Schulz von Thun, Friedemann. [1981] 1997. *Miteinander Reden 1. Störungen und Klärungen.* Reinbek: rororo.

Stendebach, Franz Josef. 2003. *Wege der Menschen. Versuche zu einer Anthropologie des Alten Testaments.* Frankfurt am Main: IKO-Verlag für Interkulturelle Kommunikation.

Vilsmeier, Carmen. 2000. *Feedback geben – mit Sprache handeln. Spielregeln für bessere Kommunikation.* Düsseldorf/Berlin: Metropolitan.

von Rad, Gerhard. [1970] 1992. *Weisheit in Israel.* Gütersloh: Gütersloher Verl.-Haus Mohn.

Weisbach, Christian-Reiner. [1992] 2003. *Professionelle Gesprächsführung. Ein praxisnahes Lese- und Übungsbuch.* 6. Aufl. München: dtv.

Westermann, Claus. 1996. *Das Buch der Sprüche.* Stuttgart: Deutsche Bibelgesellschaft.

Zigarelli, Michael. 1999. *Management by Proverbs. Applying Timeless Wisdom in the Workplace.* Moody Press.

Zimmerli, Walther. [1972] 1999. *Grundriß der alttestamentlichen Theologie.* 7. Aufl. Stuttgart: Kohlhammer.

Bibelstellenverzeichnis

Anmerkungen

[1] Die Sprüche werden in unterschiedlichen Übersetzungen wiedergegeben: Einheitsübersetzung (EÜ), Hoffnung für alle (Hfa), Luther-Übersetzung von 1984 (LÜ), Revidierte Elberfelder Übersetzung (RE). Ich habe je nach Sprichwort die Übersetzung gewählt, die mir an der Stelle sprachlich besonders gelungen erscheint oder den Aspekt besonders klar ausdrückt, auf den ich eingehe.

[2] Dass auch bei Versuchsaufbau und Sammeln von Beobachtungsdaten schon subjektive Elemente des Wissenschaftlers einfließen, ist unvermeidlich. Wir beschreiben hier ein ideales Vorgehen, das es auch in der Wissenschaft so nicht geben kann.

Dank

Ich bin Mathematiker und wie die meisten Mathematiker wenig beziehungsorientiert. Ich hatte von früher Kindheit an ein Talent für Zahlen, aber keins für Kommunikation. Vieles, was andere im Kommunikationsbereich ganz natürlich leben, musste ich mir erst aneignen, so auch: Kritisieren ohne zu verletzen. Die gute Nachricht ist: Es ist lernbar!

Ein herzliches „Danke schön":
- an jene, die mit mir zusammen leben oder arbeiten, und mir ein Spiegel für meine Kommunikation sind,
- an meine Frau Martina, mit der ich viele Gedanken aus diesem Buch gemeinsam erarbeitet und reflektiert habe,
- an meine Kinder Emanuel, Natanja, Micha und Josia für die ausdrückliche Erlaubnis, ihre Beispiele hier zu verwenden, und für ihr kritisches Mitdenken. Sie kritisieren ihren Vater gerne, vor allem wenn er Bücher schreibt!
- an Franziska Hornstra-Fuchs, Hurlach, für kritische Durchsicht des Manuskripts und zusätzlichen Input,
- an Monika Roth, „unsere" Grafikerin (www.rosenroth.de), für die Gestaltung der Icons zum geWIEHften Feedback,
- an Ralf Tibusek, Lektor im Brunnen Verlag, für seine kompetente Kritik am Manuskript – ohne den Autor zu verletzen!

Haben Sie den Eindruck: Jetzt wäre es gut, das Gelesene einmal einüben zu können? Möglichst in einem geschützten Rahmen, wo Fehler noch keine Konsequenzen haben?

Dann sind Sie bei unserem Seminar **Kommunikation und Konfliktmanagement** richtig. Dort üben Sie „kritisieren ohne zu verletzen" und verwandte Themen wie Gesprächsführung, Leiten/Moderieren von Sitzungen; Kommunikation Mann/Frau; Kommunikation und Persönlichkeit; verschiedene Ansätze zur Konfliktlösung und vieles mehr.

Die Akademie für christliche Führungskräfte bietet seit 1999 ein Studienprogramm **Führen mit Werten** an. Erfahrene und qualifizierte Dozenten und Dozentinnen führen Sie ein in Themen wie Persönlichkeitsentwicklung, Mitarbeiterführung, Strategiemanagement, Ethik für Führungskräfte etc.

Wie? Berufsbegleitend, Einstieg jederzeit möglich.
Wo? In Deutschland, Österreich und der Schweiz.
Wohin? Wenn Sie möchten: bis zum staatlich anerkannten Master-Abschluss in Christian Leadership.

Infos unter: www.acf.de

Oder anfordern bei
Akademie für christliche Führungskräfte,
Furtwänglerstr. 10, 51643 Gummersbach, Deutschland
Fon: ++ 49 (0) 22 61/80 72 27
E-Mail: info@acf.de

Wir freuen uns auf Sie!

BRUNNEN
*training

Martina & Volker Kessler
Die Machtfalle
Machtmenschen in der Gemeinde
96 Seiten, Taschenbuch,
ISBN 3-7655-3835-3

John C. Maxwell
Leadership
Die 21 wichtigsten Führungsprinzipien
224 Seiten, gebunden,
ISBN 3-7655-1801-8

John C. Maxwell
Charakter und Charisma
Die 21 wichtigsten Qualitäten erfolgreicher Führungspersönlichkeiten
160 Seiten, gebunden
ISBN 3-7655-1809-3

Johannes Reimer
Leiten durch Verkündigung
Eine unentdeckte Dimension
192 Seiten, Paperback
ISBN 3-7655-1327-X

John C. Maxwell
Die Entscheidungsformel
Wie ethisches Handeln zum Erfolg führt
128 Seiten, gebunden
ISBN 3-76551886-7

Robert Logan
Das Coaching 1x1
Basiswissen und Alltagstipps
192 Seiten, Paperback
ISBN 3-7655-1340-7

Walter C. Wright
Der Beziehungsfaktor
Mitarbeiterorientiert führen. Ziele gemeinsam erreichen
288 S., Paperback, mit Illustrationen,
ISBN 3-7655-1280-X

Thomas Schirrmacher
Führen in ethischer Verantwortung
Die drei Seiten jeder Entscheidung
128 S., Paperback, mit Schaubildern,
ISBN 3-7655-1248-6

Ian Jagelman
Leiten, Dienen, Zukunft bauen
In der Gemeinde Menschen führen, Teams fördern,
Wachstum erleben
128 S., Paperback,
ISBN 3-7655-1301-6

Michael Russenberger
Führungskultur in der Schweiz
Eine sozio-historische Studie
160 Seiten, Paperback,
ISBN 3-7655-1367-9

Martina und Volker Kessler

Die Machtfalle

Machtmenschen in der Gemeinde

112 S. Taschenbuch,
mit Karikaturen,
ISBN 3-7655-3835-3

Warum haben Machtmenschen oft ein leichtes Spiel?

Nur die Starken kommen durch. – Diesem Motto begegnet man überall. Viele Christen berichten, dass sie Erfahrungen mit Machtmenschen auch in der Gemeinde gemacht haben. – Welche Hinweise gibt die Bibel auf Machtmenschen? Kann man sich gegen ihre Einflüsse schützen? Dieses Buch nennt deutlich die Gefahren, zeigt aber auch gangbare Wege aus der Falle des Machtmissbrauchs auf.

BRUNNEN VERLAG GIESSEN
www.brunnen-verlag.de